Keysers kleine Kulturgeschichte

Stifts- und Klosterbibliotheken

Marianne Bernhard

Keyser

CIP-Kurztitelaufnahme der Deutschen Bibliothek
Bernhard, Marianne:
Stifts- und Klosterbibliotheken /
Marianne Bernhard. – München: Keyser, 1983.
(Keysers kleine Kulturgeschichte)
ISBN 3-87405-157-9

Titelabbildung vgl. Seite 44

© Keysersche Verlagsbuchhandlung GmbH, München 1983
Umschlagentwurf: Mendell & Oberer Grafik Design, München
Satz: Typoservice Urban, München
Druck und Bindung: Erhardi Druck GmbH, Regensburg
Printed in Germany

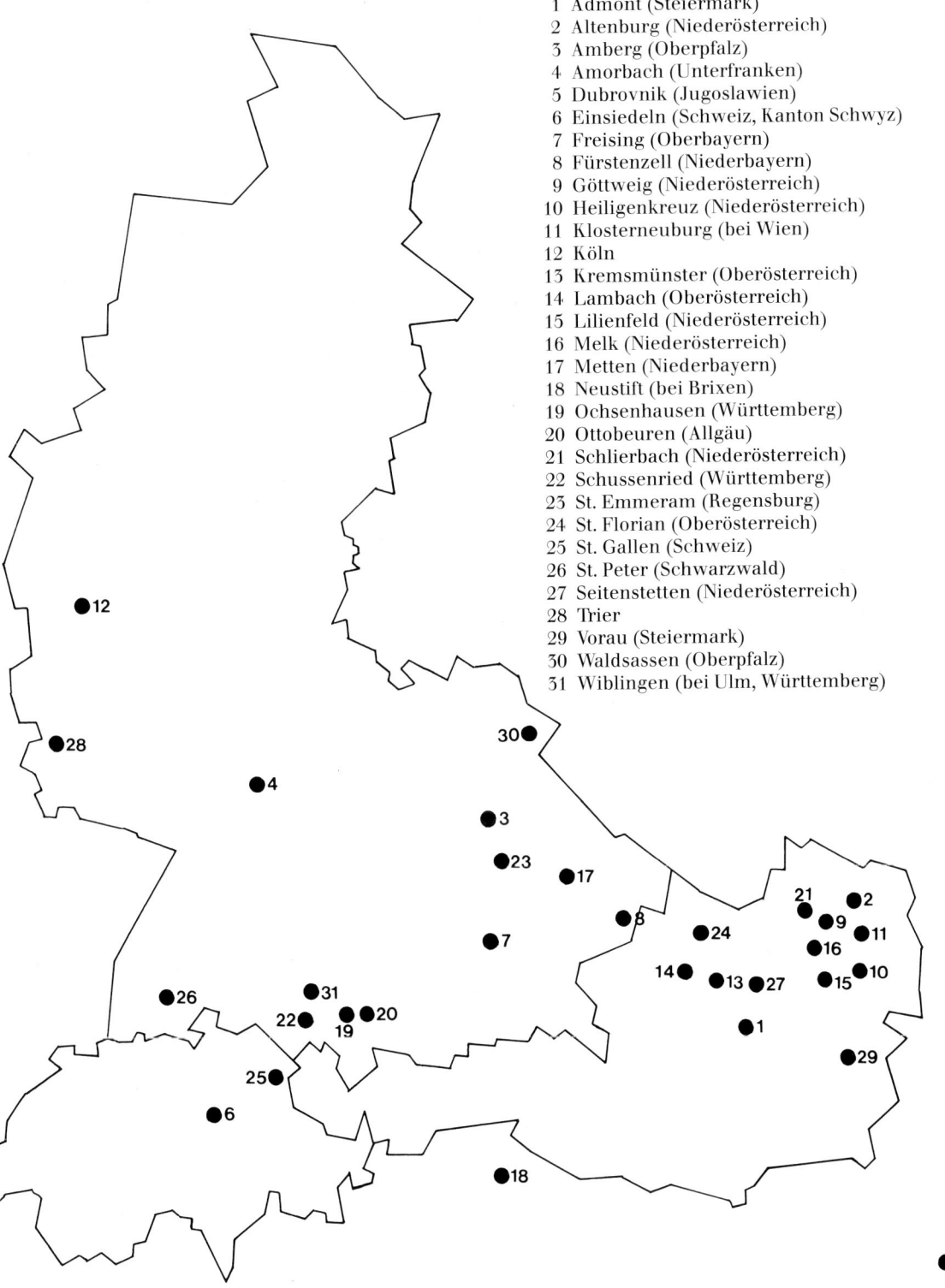

Inhaltsverzeichnis

Einführung	9
Admont – Benediktinerstift in der Steiermark	13
Aldersbach – Niederbayern	18
Altenburg – Benediktinerstift in Niederösterreich	20
Amorbach – Benediktinerkloster im unterfränkischen Odenwald	22
Einsiedeln – Benediktinerstift im Kanton Schwyz, Schweiz	25
Freising – Domberg	26
Fürstenzell – Zisterzienserkloster im Rottal in Niederbayern	28
Göttweig – Benediktinerstift an der Donau in Niederösterreich	34
Heiligenkreuz – Zisterzienserstift in Niederösterreich	35
Kremsmünster – Benediktinerstift in Oberösterreich	35
Lambach – Benediktinerstift in Oberösterreich	40
Lilienfeld – Zisterzienserstift in Niederösterreich	41
Melk, Benediktinerstift an der Donau in Niederösterreich	41
Metten – Benediktinerstift am Fuß des Bayerischen Waldes in Niederbayern	44
Neustift – Augustiner-Chorherrenstift in Südtirol	47
Ochsenhausen – Benediktinerabtei in Württemberg	49
Ottobeuren – Benediktinerabtei im bayerischen Allgäu	50
Schlierbach – Zisterzienserstift in Niederösterreich	54
Schussenried – Prämonstratenserabtei in Württemberg	56
Seitenstetten – Benediktinerstift in Niederösterreich	56
St. Emmeram – ehem. Benediktinerkloster in Regensburg	59
St. Florian – Augustiner-Chorherrenstift in Oberösterreich	59
St. Gallen – Benediktinerstift in der Schweiz	60
St. Peter – Benediktinerabtei im Schwarzwald	66
Strahow – Prämonstratenserstift in Prag	72
Trier – ehem. Jesuitenkolleg, Heute Lesesaal der Stadtbibliothek	74
Waldsassen – Benediktinerkloster in der Oberpfalz	74
Wiblingen – Benediktinerkloster in Württemberg bei Ulm	79
Vorau – Augustiner-Chorherrenstift in der Steiermark	83
Zwettl – Zisterzienserabtei in Niederösterreich	84

Einführung

Der Titel dieses Buches, ‚Klosterbibliotheken', kann auf zwei verschiedene Arten interpretiert werden. Zum einen ist die Klosterbibliothek der stille und abgeschiedene Bereich des mönchischen Lebens, in dem gearbeitet, geschrieben und in allen leuchtenden Farben der Malerpalette illuminiert wird. Alles ist in den Dienst Gottes gestellt und dient seiner Lobpreisung. Zum anderen ist die Klosterbibliothek aber auch der festliche Raum, in dem Handschriften und Inkunabeln, die verschiedensten Werke und Sparten der Wissenschaften katalogisiert und sorgfältig verwahrt werden.
Gegenstand unserer Betrachtung sind die Räumlichkeiten der Bibliotheken, die sich als Kunstwerk erhalten haben und in überkommener Form noch zu besichtigen sind. Viele dieser schönen Innenräume besitzen ihre Substanz, die Handschriften und Bücher noch, oder haben sie wieder erhalten. Manche sind ihres Inhalts beraubt, aber als ‚Kunstwerk Raum' lebendig und von alter Schönheit.
Die meisten Bibliotheken der vorliegenden Auswahl befinden sich in Österreich, einige in Deutschland, wenige in der Schweiz. Nicht berücksichtigt sind Bibliotheken, die nicht zu besichtigen sind (Klausur), oder so weit abliegen, daß kaum ein Reisender des Weges kommt (zum Beispiel Löwen in Belgien).
Dieses Buch soll den eiligen Reisenden auf die oft verborgenen Schönheiten an seiner Fahrtroute hinweisen. Die Beschreibungen der Innenräume dienen dazu, ihm in knapper Form das Wissenswerte zu vermitteln. Vermutlich wird niemand eine gezielte Klosterbibliotheken-Reise unternehmen, doch gerade die großen Stifte liegen oft an vielbefahrenen Strecken, und hier soll zum Haltmachen und Besichtigen angeregt werden.
Der Betrachter, der bereits im Raum steht, wird sich anhand des Buches rasch orientieren können. Er erhält Hinweise auf Besonderheiten und erfährt, was sie bedeuten. Denn in Klosterbibliotheken haben auch rein funktionale Dinge Bedeutung: Putti tragen Attribute der Gelehrsamkeit; Allegorien, Scheinarchitekturen, Gewölbemalereien, Stuck und Schnitzwerk stehen meist thematisch in enger Beziehung zu den Inhalten der Bücherschränke oder sind Sinnbilder der Programme des Ordens, dem das Kloster und damit auch seine Bibliothek angehören. Soweit möglich, haben wir auch die Bestände der einzelnen Bibliotheken erwähnt.

„Die Bibliothek ist das Tagebuch der Menschheit, das Beratungszimmer der Weisen", bemerkte der Philosoph Christopher Dawson. In den ‚Fliegenden Blättern' des 19. Jahrhunderts wird das etwas weniger ernsthaft formuliert: „Bibliotheken sind Buffets des Geistes."
Bibliothek – das Wort stammt aus dem Griechischen und bedeutet ‚Buchniederlage', ‚Buchniederlassung'. Der Ausdruck bezeichnet demnach den Ort, an dem Bücher aufbewahrt und gesammelt werden.

Schon die heidnische Antike kannte Bibliotheken. Als bedeutendste Bibliotheken des griechischen Altertums kennen wir die Alexandrinische Bibliothek und diejenige von Pergamon. Dem Mittelalter waren öffentliche Bibliotheken im Sinne des Altertums und der Neuzeit unbekannt. Im frühen Christentum verfügten Bischöfe und später auch Kirchen über Büchereien, die allerdings nur einem kleinen, ausgewählten Kreis zugänglich waren. Sie blieben streng reserviert für heilige Schriften und rein theologische Werke, die in Form von Rollen aufbewahrt wurden. Gebundene Codices setzten sich bis zum Mittelalter nur allmählich durch. In der Frühzeit verwahrte man die Bestände in offenen Fächern, später in verschließbaren Schränken (vor allem, als die Handschriften immer wertvoller wurden). Das waren die bescheidenen Vorläufer der kostbaren Bücherschreine des 18. Jahrhunderts. Ganz allmählich erweiterten die Klosterbibliotheken ihre Bestände um ‚weltliche' Werke aus den Bereichen Jurisprudenz, Medizin, Astronomie, Mathematik und Alchimie. Nur heimlich ‚schlich' sich, gebunden in theologisches Schrifttum, gelegentlich ein sinnenfrohes Werk ein, wie zum Beispiel die ‚Carmina burana', Lieder aus dem Bauernleben, die man in Benediktbeuren fand.

In der Gesamtanlage des Klosters brachte man die Bücherei lange Zeit unter, wo sich eben Platz dafür fand. Es gab keine obligatorischen ‚Planquadrate' für den Bibliotheksraum, wie etwa für Chor, Sakristei oder Refektorium. Lange Zeit waren die Bibliotheken in Schatzkammer oder Sakristei untergebracht, da ihr Bestand sich einerseits aus liturgischen Werken zusammensetzte, die Verwendung beim Gottesdienst fanden, oder es sich um kostbar ausgestattete Codices handelte, die großen Wert besaßen. Nur größere Klöster mit reichem Buchbestand verfügten über einen eigenen Bibliotheksraum (zum Beispiel Sankt Gallen).

Mit dem Anwachsen der Bücherbestände wandelte man vielfach ausgediente Räumlichkeiten um, überwölbte leere Kapellen, veränderte eine Empore oder erweiterte Nischen hinter dem Chor.

Die besondere Art der *Kloster*bibliotheken entwickelte sich aus der mönchischen Zelle, den klösterlichen Schreibstuben des Mittelalters. Bevor Johannes Gutenberg die beweglichen Lettern und damit den Buchdruck und die vielfältige Verbreitung des geschriebenen Wortes erfand, wurden Bücher in der Abgeschiedenheit der Klöster mit der Hand aufgezeichnet und illuminiert, war das ‚claustrum', der abgeschlossene Raum, Hort allen Schrifttums – nicht, wie später, die Werkstatt. Und es waren ausschließlich fromme Schriften, Evangeliare, Bibeln, Gesangbücher, Psalter, welche die Männer Gottes schrieben und wieder abschrieben und sorgfältig verwahrten. Ihre kargen Räumlichkeiten waren noch weit entfernt von den heiteren, prächtigen, farbenfrohen „Studierstuben des Herrgotts", die Barock und Rokoko hervorbringen sollten.

Seit dem 15. Jahrhundert wurden Klosterbibliotheken der Öffentlichkeit zugänglich gemacht. Man könnte sie in etwa als Vorläufer der späteren

Stadtbibliotheken bezeichnen. Im Zeitalter der Renaissance und des Humanismus spaltete sich das Bibliothekswesen, es wurden rein weltliche Institutionen, fürstliche, städtische, Universitäts- und Ratsbibliotheken gegründet. Nach der Säkularisierung vieler Klöster wurde oft die Stadtbibliothek in ausgedienten Klöstern untergebracht, oder Bestände klösterlicher Büchereien fielen an weltliche Einrichtungen. Geschickte Priore verkauften oder stifteten ihre Bibliotheken, die Universitäten erwarben (oder stahlen) sie gelegentlich. Aber im Mittelpunkt des Interesses stand bei all diesen Manipulationen immer das *Buch*, nicht der *Raum*, in dem es aufbewahrt wurde.

Das änderte sich mit der Renaissance. Die ‚Laurenziana' Michelangelos in Florenz, die Mailänder ‚Ambrosiana' oder die ‚Vaticana' in Rom gehören zu den ersten Bibliotheks-Kunstwerken, die von Anfang an wegen ihrer baulichen und räumlichen Qualitäten bewundert wurden, gleichgültig, welchen Bestand an Büchern sie beherbergten. Das Erstarken fürstlicher Macht hatte die Gründung fürstlicher Bibliotheken zur Folge, aus denen später die Staats- und Landesbibliotheken hervorgehen sollten. Die bedeutendste deutsche Bibliothek des 16. Jahrhunderts war die ‚Palatina' in Heidelberg, die des 17. Jahrhunderts die ‚Augusta' in Wolfenbüttel.

In Deutschland und Österreich setzte 1648 das Ende des Dreißigjährigen Krieges das Signal für eine neue glänzende, hoffnungsvolle Bauepoche. Jetzt wurde ganz gezielt gebaut. Eine Fülle von Namen tauchte plötzlich auf. Baumeister, Bildschnitzer, Maler, Stukkateure traten hervor aus einer Anonymität, die das Mittelalter sorgfältig gewahrt, ja gefordert hatte. Auch Mönche schnitzten oder malten nun gelegentlich ihre frommen Klosternamen in ein Chorgestühl, unter ein Fresko, ein Altarbild. Diese kurze Blütezeit umfaßt Barock, Rokoko und den frühen Klassizismus. Die Säkularisation im Jahr 1803 sollte alldem ein plötzliches Ende bereiten. Klöster wurden aufgelöst, ihre Kunstschätze verschleudert, verkauft, versteigert, die Mönche und Nonnen erhielten – oft gegen ihren Willen – die ‚Freiheit' zurück.

Das Barock gab dem *klösterlichen* Bibliotheksraum sein Lebensrecht, rückte ihn aus dem Dornröschen-Dasein in zufälligen Winkeln und Ecken heraus in besondere Trakte, zentrale Fluchten und raumübergreifende eigene Stockwerke und stattete ihn verschwenderisch aus. Schränke wurden zu geschnitzten, vergoldeten Schreinen auf umlaufenden Galerien, die kargen Leitern zu den Regalen wurden zu kühn geschwungenen Treppen; aus den asketischen Schreib- und Lesepulten entwickelten sich geschmückte Balustraden; dazu kamen Deckenmalerei, Stukkatur, Goldschmuck und Scheinarchitektur, Atlanten, perspektivische Finessen in der Anlage von Fenstern und Türen, Lichteffekte – ganze Programme wurden erfunden von den besten Künstlern der Zeit, um das Buch zu feiern. Die Bücher, denen all dies diente, spielten dabei aber doch nur die zweite Rolle. Zuweilen wurden sie, um den Eindruck ihres festlichen Umraumes nicht zu stören, alle gleichfarbig gebunden, beschildert, beschnitten, ohne Rücksicht auf ihren Inhalt.

Erst im 19. Jahrhundert konzentrierte sich das Interesse wieder auf den eigentlichen Inhalt der Bibliotheken. Zum Beispiel unternahm der bayerische Bibliothekar und Schriftsteller Johann Christoph von Aretin eine ‚literarische Geschäftsreise in die baierischen Abteyen', einzig und allein zu dem Zweck, deren Buchbestand zu prüfen. Aretin erwähnt mit keinem Wort die Schönheit von Bibliotheksräumen (obwohl er auch in Metten und Ottobeuren war), man vernimmt nur Klagen über einen „Bücherkerker ... voll von Spinnweben" in Bernried und Spott über ein Gemälde in der Bibliothek des Klosters Herrenchiemsee, das „den Augustinus darstellt, wie er den Dr. Luther mittels eines Donnerkeiles zu Boden schlägt". Allerdings wäre der Reisende in Sachen Klosterbibliotheken dann in den ‚baufälligen' Sälen von St. Zeno zu Bad Reichenhall schließlich selber beinahe erschlagen worden.

Klöster, Abteien, Stifte liegen selten zentral in großen Städten, sondern meist abseits in idyllischen Tälern, an Flüssen oder auf Hügeln, fern vom Trubel der Welt. Im hektischen Bauwesen der Stadtkultur waren sie auch stets vom Abriß bedroht, oder sie wurden – im Gegensatz zu der Blütezeit des Humanismus – wieder zu Rumpelkammern degradiert.

Meist unverändert erhalten haben sich die Bibliotheken, die zu ihrer Entstehungszeit autark im Lande lagen. Sie befinden sich heute noch gelegentlich im Klausurbezirk, nur unter Führung ist der Zutritt für Außenstehende (für Damen überhaupt nicht!) gestattet. Ihre ganze Pracht und Herrlichkeit war nie für den neugierigen Kunstgenuß gedacht, ausführende Künstler und auch die Brüder des Klosters, die dann und wann mitarbeiten durften, signierten nur selten und dann ganz verschämt in verborgenen Winkeln. Auch die studierenden Mönche waren nie ‚Adressaten' des Aufwands, der in Klosterbibliotheken betrieben wurde. Dieser diente selbstlos, wie es Inschriften gern bekräftigen, allein dem Ruhme Gottes – ad majorem gloriam.

ADMONT – Benediktinerstift in der Steiermark

Ein lateinischer Spruch aus dem 18. Jahrhundert rühmt die Bibliothek von Admont: „Jactarunt veteres septem miracula mundi, octoco nostra est bibliotheca loco." Zu deutsch: „Die Alten zählten sieben Weltwunder, das achte ist diese Bibliothek."
Der gewaltige zweigeschossige Bibliotheksraum, um 1774 von Josef Hueber nach einem Entwurf von Johann Gotthard Hauberger erbaut, blieb wie durch ein Wunder bei dem großen Brand von Admont im Jahr 1865 verschont und erhalten. Die Bibliothek nimmt die ganze Hälfte des Osttraktes ein; sie ist 72 Meter lang, 14 Meter breit und 11 Meter hoch, das Licht fällt durch 60 Fenster. Die Mitte wird durch einen längselliptischen Zentralkuppelraum betont, wodurch eine Einteilung in drei Einheiten entsteht, drei kleinere Flachkuppeln schließen sich an. Den Zentralkuppelraum tragen zwölf rötlich-schimmernde, kannelierte Halbsäulen aus Marmor, deren korinthische Kapitelle vergoldet sind. Die umlaufende Galerie spart diesen

1 Der Prunksaal der Admonter Stiftsbibliothek mit seinen sieben barock geschwungenen, flachgedeckten Kuppelräumen wirkt wie ein prächtiger Theatersaal zu Ehren der Wissenschaften.

2 Die weißen Rokoko-Bücherschränke, die zwei Geschosse durchgreifen, bilden mit den Deckenfresken, dem Gold der Bücherrücken und der reichen Farbigkeit der Stukkierungen einen festlichen Akkord.

Mittelraum aus. Der Zusammenklang der weißen, rokokogeschnitzten Bücherschränke mit den üppigen Farben der Deckengemälde, dem Gold der Buchrücken und dem Blaugrau des Fußbodens bildet ein theatralisches, fast kulissenhaftes Gesamtkunstwerk. Die Fresken sind das geniale Alterswerk Bartholomäus Altomontes (1776) aus Linz, die Architekturmalerei schuf Johann Georg Dallinger. Wie häufig in Klosterbibliotheken, stehen die Fresken thematisch in enger Beziehung zu den darunter angeordneten Büchern: die Neun Musen mit der Technik und den Künsten,

3 Die golden gefaßten allegorischen Schnitzfiguren des gotischen Holzschnitzers Thaddäus Stammel aus Graz gehören zu Admonts bedeutenden Sehenswürdigkeiten. Hier der ‚Pilger und der Tod'.

die Allegorien der Wissenschaften und die Theologie mit den drei göttlichen Tugenden sowie den sieben Gaben des Heiligen Geistes in den ersten drei Kuppeln. In der Zentralkuppel sehen wir den Kampf des wahren Glaubens gegen den Irrglauben; in den Kuppeln vier bis sieben die Darstellungen des geistlichen und weltlichen Rechts, die Allegorie der Geschichtsschreibung und die Allegorie der Philosophie. Dem Programm der Gemälde ebenbürtig sind die Plastiken des Grazer Holzschnitzers Thaddäus Stammel: heilige und allegorische Figuren, golden gefaßt, von großer Menschlichkeit und Ausdruckskraft in Mimik und Gebärde, fast volkstümlich in ihrer Bildhaftigkeit. In der ersten Saalabteilung die Propheten Moses (die Gesetzestafeln empfangend) und Elias (mit dem Raben), die Apostel Petrus und Paulus, jeweils mit ihren Attributen, sowie ein großes Relief mit Szenen aus dem Alten Testament. Im Mittelraum der Tod, der über dem überraschten Pilger unerbittlich das abgelaufene Stundenglas schwingt; das „Jüngste Gericht", erwartet von einem eben auferstandenen, noch jungen Mann; die ‚Hölle', personifiziert durch die Gestalt des Zorns verbunden mit den anderen sechs Hauptsünden Unlauterkeit, Hoffart, Trägheit, Geiz, Neid und Unmäßigkeit; der ‚Himmel', eine fürstliche Frau mit den Werken der Barmherzigkeit Beten, Fasten und Almosengeben; außerdem, ebenfalls im mittleren Raum, Frauengestalten als Verkörperungen von Weisheit, Wahrheit, Wissenschaft und Klugheit. In der dritten Saalabteilung schließlich die Evangelisten: Markus mit dem Löwen, Matthäus mit dem Engel, Lukas mit dem Stier und Johannes mit dem Adler, sowie – entsprechend zu der ersten Saalabteilung – ein Relief mit einer wichtigen Szene aus dem Neuen Testament: der zwölfjährige Jesusknabe im Tempel bei den Schriftgelehrten.

In Admont sammelten die Äbte seit dem Mittelalter kostbare Codices. In der eigenen Schreib- und Miniaturschule entstanden Texte, Initialen, Illuminationen und kolorierte Federzeichnungen. Berühmt ist die ‚Admonter Riesenbibel' aus dem 12. Jahrhundert. Heute besitzt die Bibliothek 150.000 Druckwerke, eine besondere Abteilung für Orientalistik und semitische Sprachen, kirchengeschichtliche Werke bis 1800 und medizinische und botanische Werke vom 16. bis zum 18. Jahrhundert; außerdem 1060 Handschriften und mehr als 1400 Inkunabeln. In zwei Vitrinenschränken werden jährlich wechselnd jeweils an die 35 Handschriften und Inkunabeln gezeigt, wobei die Ausstellungen immer unter einem bestimmten Thema stehen.

4 Von den vier Plastiken Stammels im Mittelraum der Bibliothek ist die ‚Hölle' mit der Darstellung der sieben Hauptsünden eine der eindrucksvollsten Gruppen. Zentralfigur ist der ‚Zorn', verkörpert durch die Gestalt eines nackten Mannes.

ALDERSBACH – Niederbayern

Die Bibliothek, im Südflügel über dem Refektorium gelegen, ist ein hoher Raum, der beide Obergeschosse einnimmt. Die Spiegeldecke schmückt ein Fresko von Matthäus Günther aus dem Jahr 1760. In warmen, duftigen Farbtönen und von reicher Scheinarchitektur umgeben, zeigt es in der Mitte die thronende Heilige Dreifaltigkeit in perspektivisch raffiniert gemalten Kuppeln. Um sie versammeln sich Apollo, Pegasus und die Musen auf dem Parnaß als Sinnbilder der profanen Wissenschaften und Künste; Ecclesia mit Vertretern der Theologie; die christlichen Repräsentanten der Naturwissenschaften, unter ihnen die Heiligen Cosmas und Damian; der

5 Die Vision des heiligen Bernhard inmitten gelehrter Zisterzienser ist ein Hauptmotiv in dem Deckenfresko von Matthäus Günther in der Bibliothek von Aldersbach.

heilige Bernhard, umringt von Vertretern der christlichen Mystik. Das aus Eichenholz geschnitzte dreigeschossige Schrankwerk, von achtzehn Säulen gestützt und über vier Treppen begehbar, wurde im 19. Jahrhundert verkauft: die ehemals über 30.000 Bände umfassenden Bücherbestände sind nicht mehr vorhanden.

AMBERG – ehemaliges Jesuitenkolleg in der Oberpfalz

Die Bibliothek liegt im zweiten Obergeschoß des Ostflügels. Man betritt sie durch ein reichgeschnitztes Eichenholzportal. Den flachgedeckten Saal schmücken feine Gewölbe- und Wandstukkaturen mit Laub- und Bandel-

6   Wohltuende Ruhe und die Atmosphäre konzentrierter Gelehrsamkeit sind kennzeichnend für die langgestreckte Bibliothek des ehemaligen Jesuitenkollegs in Amberg.

werk, Vasen und wissenschaftlichen Geräten, Arbeiten eines unbekannten Künstlers (um 1730). Die ebenfalls anonymen drei Deckengemälde zeigen in weicher, emailartiger Farbgebung den Sündenfall Adams und Evas als Sinnbild des Strebens nach Erkenntnis; den zwölfjährigen Jesusknaben im Tempel bei den Gesetzeslehrern, Gleichnis für die göttliche Belehrung, und die Ausgießung des heiligen Geistes als Zeichen für die Erleuchtung durch Gott. Die Regale aus Eichenholz sind mit schönen Schnitzereien (Fruchtstäbe und Akanthusranken) verziert und stehen in geschlossener Ordnung an den Wänden. Sie sind zweigeschossig, von einer einfachen Galerie umlaufen, und stammen aus der Zeit um 1680 mit Zutaten von 1715.

ALTENBURG – Benediktinerstift in Niederösterreich

Die Bibliothek im südlichen Trakt des Stiftsgebäudes erreicht man über eine flachgedeckte Doppelstiege und die mit Fresken bemalte Vorhalle. Der Saal ist 48 Meter lang, umfaßt zwei Geschosse und setzt sich aus drei überkuppelten Räumen zusammen. Den fein getönten Stuck schuf Johann Michael Flor; pastellfarbige Pilaster, intensiv blaue Säulen, rosa Gebälk und reichvergoldete Kapitelle geben dem Raum etwas Heiter-beschwingtes. Dieser Eindruck wird noch verstärkt durch die Vollplastiken von je zwei springenden Pferden und Sphingen unter der Vierung der größeren Mittelkuppel, durch Nischeneinbauten, bekrönt von Baldachinen und Muschelagraffen, und durch die Fresken von Paul Troger (1742), die in satten, warmen Farben gehalten sind. In der Hauptkuppel sehen wir die Königin von Saba vor Salomon, umgeben von einem großen Hofstaat; in der Kuppel nächst dem Eingang, Jurisprudenz und Theologie als Sinnbilder irdischer und himmlischer Gerechtigkeit, daneben Christus mit dem Zinsgroschen und die Kirchenväter Ambrosius, Augustinus, Gregorius und Hieronymus; in der anderen Nebenkuppel Vertreter der Wissenschaften und der Künste, die Philosophie und die Medizin. Die Wandbilder in den Bogenfeldern über den Bücherschränken sind Arbeiten von Johann Jakob Zeiller (um 1742), Allegorien der verschiedenen Wissenschaften. Die mächtige Bibliothek gehört zu den schönsten Barockräumen dieser Zeit, besitzt aber nur relativ wenig Bücher: rund 12.000 Bände, 700 Handschriften und 149 Inkunabeln. Das berühmteste Werk ist ein illuminiertes ‚Marianum' aus dem 15. Jahrhundert.

7 Altenburgs Bibliothek gehört zu den seltenen Beispielen eines gekuppelten Saalbaues. Lebendige Voll- und Halbplastiken und eine vielfältig nuancierte Farbpalette verleihen dem Raum Leben und Heiterkeit.

AMORBACH – Benediktinerkloster im unterfränkischen Odenwald

Man betritt die im Neuen Konventbau gelegene Bibliothek durch einen schön stukkierten Vorraum und das geschnitzte Portal (1798) von Joseph Bonaventura Berg, der auch die Treppenaufgänge schuf. Der Raum führt bereits in die Epoche des Klassizismus – kühles Weiß beherrscht die Dekoration des rechteckigen, zweigeschossigen Saales, dessen ebenfalls weiß getönte Bücherschränke in drei Etagen angeordnet sind. Das zweite und

8 Die zierlich ornamentierten Brüstungen der umlaufenden Galerien lassen an Theaterlogen denken. Das den Raum dominierende kühle Weiß der Schnitzereien kündigt den Klassizismus an.

9 Das Deckenfresko von Konrad Huber zeigt Allegorien der Wissenschaft, verkörpert durch eine heiter-anmutige Versammlung schöner Damen.

10 Die fein geschnitzten Treppenaufgänge sind Arbeiten von Joseph Bonaventura Berg.

dritte Geschoß wird von einer Galerie umlaufen, an deren Schnitzwerk Berg ebenfalls beteiligt war. Im Schnitt und den hoch aufsteigenden ‚Rängen' besitzt die Amorbacher Bibliothek große Ähnlichkeit mit einem Theatersaal, denn die einzeln abgesetzten, klaren Felder der durchbrochenen, mit Ranken und Putten geschmückten Brüstung der Hauptgalerie wirken wie Rang-Logen in einem Zuschauerraum. Das Deckengemälde im flachen Muldengewölbe stammt von Konrad Huber aus Weißenborn (1789): Weisheit und Tugend, umgeben von den Wissenschaften Theologie, Philosophie, Geologie, Medizin, Physik, Jurisprudenz, Historia und Astronomie. Es sind heitere und recht resolute Frauenspersonen, die all diese Disziplinen in lebendiger Gebärdensprache verkörpern; Scheinarchitekturen, perspektivisch raffiniert angelegte Baumgruppen und angeregt gestikulierende, ebenfalls gemalte Putten mit wissenschaftlichen Attributen unterstreichen noch den lebendigen Eindruck der Allegorien. Der zurückhaltend verteilte Stuck ist von Andreas Dittmann. Die Bestände der alten Klosterbibliothek wurden, bis auf geringe Reste, im Jahr 1851 veräußert. Die Büchersammlung des Fürstlichen Hauses Leiningen trägt mit wechselnden Interessenschwerpunkten die Züge der verschiedensten Sammler.

EINSIEDELN – Benediktinerstift im Kanton Schwyz, Schweiz

Die Bibliothek umfaßt das zweite und dritte Stockwerk im Nordflügel des Stifts. Es handelt sich um einen hohen, zweischiffigen Saalbau von 1738, ein Werk der Einsiedler-Dekan Ägidius d'Ocourt und Pater Plazidus Beurret, mit Gewölbestukkaturen von Joseph Anton Feuchtmayer (um 1740). Das Gewölbe wird von freistehenden Säulen getragen; in den Fensterlaibungen Embleme des Kaisertums und des Papsttums sowie Medaillonbildnisse der Päpste von Petrus bis Benedikt XIV. und der Kaiser von Augustus bis Karl VI. Die offenen weißen Bücherregale mit den gleichmäßig braun gebundenen Reihen der Lederbände, schwingen unter der umlaufenden Galerie konvex und konkav aus. Diese Schwingungen werden von der feinen Gitterbalustrade der Galerie nachvollzogen, was dem Raum eine heiter-anmutige Wirkung verleiht. Die Bibliothek liegt im Klausurbereich und wird unter Führung nur männlichen Besuchern gezeigt. Der Bestand der Bibliothek setzt sich aus rund 150.000 Bänden, Urkunden, Inkunabeln und etwa 1350 Nummern der Manuskriptensammlung zusammen. Wichtigste Sammelgebiete sind Theologie und Weltgeschichte, bei den Inkunabeln die deutschen Bibelausgaben. Einer der kostbarsten Besitze ist das erste datierte, in der Schweiz gedruckte Buch, der ‚Mammotractus', 1470 in Beromünster erschienen.

11 Charakteristisch für den lichtdurchfluteten Bibliotheksraum von Einsiedeln ist Joseph Anton Feuchtmayers feiner, zierlicher Deckenstuck.

FREISING – Domberg

Die doppelgeschossige Bibliothek ist dem südlichen Kreuzgangflügel vorgelagert. Der lichte Rokokosaal wurde von 1732 bis 1734 erbaut und 1737/38 ausgestattet. Seine umlaufende Galerie mit Treppenaufgang ist aus weißem, vergoldeten Holz. Den Stuck der Decke schuf ein mutmaßlicher Schüler Johann Baptist Zimmermanns, Thomas Glasl: Laub- und Bandelwerk, Gitter und Vögel in zartrosa und gelben Tönen. Die Statue in der Mitte des Raumes in klassizistischem Stil stellt Apollon dar. Der Deckenspiegel sollte ursprünglich bemalt werden, aber das Vorhaben scheiterte an Geldmangel. Die Bestände der Bibliothek umfassen vor allem theologische und historische Werke, Handschriften gottesdienstlicher Art und aus dem Umkreis der Geschichte der Diözese sowie Frühdrucke mit Holzschnitten des späten Mittelalters und der Renaissance in Deutschland.

12 Der freundliche, kleine Rokokosaal in Freising mit dem musizierenden Apollon liegt gleich neben dem strengen gotischen Kreuzgang auf dem Domberg.

FÜRSTENZELL – Zisterzienserkloster im Rottal in Niederbayern

Die Bibliothek liegt im Obergeschoß des Klostertraktes und erstreckt sich über einen ganzen Flügel. Sie wurde um 1760 erbaut und bis in das Jahr 1770 hinein ausgestattet. Der Saal wirkt niedriger, als er tatsächlich ist, da das Deckengemälde von Matthäus Günther und Jakob Zeiller im 19. Jahrhundert verlorenging. Die das Obergeschoß umlaufende Galerie ist eine Arbeit des Passauers Josef Deutschmann. Die Schnitzereien an der Galerie und die beschwingte Rokokobrüstung geben dem Raum seinen lebendigen Reiz.

Zu den vielen allegorischen Figuren gehören die vier Jahreszeiten und die vier Elemente. Über den Regalen sitzen weiße, goldgegürtete Putten als Sinnbilder der jeweiligen Inhalte: Rhetorik, Kirchenväter, Geographie, Priestertum des Alten und des Neuen Testaments, der Alte und Neue Bund. Zwei fechtende Knaben in höfischem Habit stellen den wissenschaftlichen Disput dar, den literarischen Kampf mit ehrlichen und hinterlistigen Mitteln. Deutschmanns Meisterstücke sind die Köpfe der Atlanten in halber Figur an den Pfeilern, ausdrucksstarke, ein wenig derbe, ganz individuelle Männergesichter, die unter der Last, die sie tragen müssen, zu ächzen scheinen und dennoch eine fast groteske Heiterkeit um sich verbreiten. In Vitrinen sind die wichtigsten Stücke der Büchersammlung ausgestellt: unter anderen das ‚Missale S. Monasteriensia ecclesiae' von 1632; das ‚Missale Romanum' von 1755; ein ‚Psalter Davids' in Latein und Deutsch von 1617; die ‚Theologia moralis' von Sporer Patricius (1685), ‚Monumenta Fürstenzellensis' von 1765; ‚Catechismus ex decreto Concilii Tridentini ad Parchos Pii V.', 1566, und eine hebräisch-lateinische Bibel von 1619.

13 Gold-weiß ist der Raumeindruck der Bibliothek von Fürstenzell. Die umlaufende Galerie mit der geschnitzten Rokokobrüstung ist ein Werk des Josef Deutschmann aus Passau.

14 Im Kampf mit hinterlistigen und mit ehrlichen Mitteln der literarischen Disputation ...

15 ... liegen die beiden fechtenden allegorischen Knabengestalten am Treppenaufgang zur Galerie.

16 Mit einer Hand stützt diese Atlantenfigur eines älteren Mannes die Galerie ...

17 ... während die Jünglingsgestalt die Last kraftvoll mit Kopf und Nacken bewältigt.

GÖTTWEIG – Benediktinerstift an der Donau in Niederösterreich

Die Bibliothek liegt im östlichen Konventstrakt. Der langgestreckte Saal wird dominiert von dem warmen Holzton der ganz umlaufenden, schön intarsierten Bücherregale mit ebenfalls umlaufender Galerie, einer Arbeit des Tischlers Johann Heinrich Holdermann aus Furth (1730). Die Regale reichen bis unter die Decke. Den prächtigen Stuck der gewölbten Decke, zarter, ornamentaler, teilweise durch den Schlesier Franz Amon vergolde-

18 Der natürliche Ton des braunen Holzes von Galerie und Bücherschränken, die der Further Tischler Johann Heinrich Holdermann schuf, bestimmen die Atmosphäre des Göttweiger Bibliothekssaales.

ter Zierat, Kartuschen und spielende Putten mit den Attributen der Wissenschaften schuf der Wiener Stukkateur Mario Antonio Tencalla (1727). Die Bibliothek enthält rund 70.000 Bände, 1144 Handschriften und 1080 Inkunabeln. Wichtigste Sammelgebiete sind Kirchen- und Profangeschichte, Hagiographie, Kirchenrecht, Patristik und Werke antiker Schriftsteller. Berühmt ist der Göttweiger ‚Prunkpsalter' aus der Zeit um 870. Die Bibliothek wird im Besichtigungs- und Führungspogramm nicht gezeigt, kann aber von wissenschaftlich Interessierten benutzt werden.

HEILIGENKREUZ – Zisterzienserstift in Niederösterreich

Die Bibliothek liegt östlich von dem alten Konventgebäude neben der Bernhardi-Kapelle. Der flachgedeckte Saal teilt sich in zwei Räume. Der größere ist mit naturalistischen, etwas derben Fresken geschmückt, Allegorien, die auf die Inhalte der intarsierten und geschnitzten Bücherschränke aus Nußbaumholz vom Anfang des 18. Jahrhunderts hinweisen, welche in geschlossener Ordnung die Wände umgeben. Die reich vergoldeten Bücherrücken aus braunem Leder verstärken den warmen, freundlichen Gesamtton des Ganzen. Reicher Stuck verteilt sich harmonisch über die Gewölbe dieses einzigen barocken Trakts im ganzen Stift. Die Bestände enthalten rund 70.000 Bände, 572 Handschriften und 216 Inkunabeln, darunter illuminierte Handschriften des 12. und 13. Jahrhunderts, die vermutlich in der klostereigenen Schreibstube entstanden sind.

KREMSMÜNSTER – Benediktinerstift in Oberösterreich

Der große, langgestreckte und in vier Abteilungen gegliederte Raum von 65 Meter Länge wirkt ein wenig gedrückt und unproportioniert in seiner Fülle und Überladenheit der Dekoration. Die Gemälde stammen von Gregor Steidl, den Brüdern Lederwasch aus Salzburg und von Antonio Galliardi. Im ‚Saal der Griechen' sehen wir Papst Gregor den Großen und Thomas von Aquin, umgeben von heidnischen Gelehrten und Philosophen; an der Decke den Turmbau zu Babel, die Übersetzung des Alten und des Neuen Testaments und die Gesetzgebung am Berg Sinai. Im ‚Saal der Lateiner' der heilige Petrus Damian mit der Muttergottes und dem Jesuskind in Disput mit römischen Gelehrten und Staatsmännern; an der Decke Szenen aus dem Leben König Salomos; in einem kleinen Zwischenkabinett in der Kartusche der heilige Ildefons. Im ‚Saal der Benediktiner' schließlich gelehrte Ordensmitglieder; an der Decke der zwölfjährige Jesus im Tempel und der

19 Stuck und Deckenfresken der Bibliothek von Heiligenkreuz sind tief auf die Schnitzereien der Bücherschränke heruntergezogen: im ersten Saal eine Darstellung der Allegorie göttlicher Weisheit.

20 Ein Beutelbuch – das seltene Stück stammt aus den Beständen der Bibliothek.

21 Der Bibliothekssaal in Kremsmünster umfaßt, lang hingestreckt, vier Abteilungen: drei Haupträume und ein kleines Zwischenkabinett, alle mit reichem Stuck und Freskomalereien versehen.

heilige Paulus auf dem Athener Areopag. Den sehr ebenmäßig verteilten Stuck schuf Giovanni Alfieri, die Schränke, in geschlossener Ordnung an den Wänden, sind vom Tischlermeister Martin Melber aus Enns und den Schnitzern Urban Remele und Johann Meinrad Guggenbichler. Die Bibliothek besitzt mehr als 100.000 Bände, 416 Handschriften und 792 Inkunabeln. Wichtige Sammelgebiete sind Werke der Theologie, der Kirchen- und Profangeschichte. Zu den berühmtesten Besitztümern zählt der ‚Codex Millenarius', ein Evangeliar, das um das Jahr 800 entstand. Heinrich Vorrath, ein

22 Plinius der Ältere mit seiner Naturgeschichte. Detail der Decke im ‚Saal der Lateiner'.

Goldschmied aus Wels, stattete den Codex um 1595 mit einem prächtigen Einband aus.
In Vitrinen ausgestellt sind unter anderem der ‚Codex 309', eine Sammelhandschrift aus dem 11. und 12. Jahrhundert, der ‚Codex Fridericianus A', 1302 von Bernardus Noricus geschrieben, ein Psalter von 1465, ein Stundenbuch zu Ehren Mariens aus dem Jahr 1349, ein Reisemeßbuch von 1514, ein Heilsspiegel (um 1330) und ein vor 1485 in Kremsmünster geschriebenes Stundenbuch, das einzige in Österreich noch erhaltene Beutelbuch.

den zwölfjährigen Jesus im Tempel bei den Schriftgelehrten, die vier Kirchenväter und Heilige des Benediktinerordens. Die Ölgemälde sind Werke eines anderen Künstlers und wahrscheinlichen Schülers von Steidl. Von den Einrichtungsgegenständen ist ein Lesepult mit Einlegearbeiten (1730) interessant. Die Bestände umfassen rund 40.000 Bände, 800 Handschriften und 145 Inkunabeln. Älteste Handschrift ist ein Evangelientext des 9. Jahrhunderts. Zu den kostbaren Pergamenthandschriften gehören Codices aus der Lambacher Schreibschule mit Miniaturmalereien und schönen Initialen.

LILIENFELD – Zisterzienserstift in Niederösterreich

An der Erbauung und vor allem bei der Ausschmückung des großen Bibliothekssaales mit flacher Decke waren Laienbrüder des Klosters maßgeblich beteiligt. Entsprechend liebevoll waren sie bei der Sache, und um 1700 hatten sie ihr Werk vollendet. Der Stuck ist auffallend originell und besitzt deutliche Bezüge auf Zeitereignisse: Weintrauben verweisen auf die reiche Ernte der heimischen Hänge, ein gewaltiger Adler symbolisiert den Triumph über die Türken – und geschnitzte Türkenköpfe schmücken die Türdrücker. Das Deckengemälde stellt Gelehrte und Schriftsteller des Zisterzienserordens dar, unter ihnen der heilige Bernhard und Otto von Freising. Stuck und Malerei sind Arbeiten der Fratres Ludwig Penkel und Jakob Piank aus dem Jahr 1704. Die in geschlossener Ordnung an den Wänden aufgestellen Bücherschränke, eingelegt und mit kunstvollen Akanthusschnitzereien versehen, wie auch die Türen schuf Bruder Laurenz Schäfferle (er signierte sein Werk mit vollem Namen und der Jahreszahl 1701). Die Bestände umfassen 31.000 Bände, 119 Inkunabeln und 226 Handschriften. Berühmt sind die ‚Concordantiae caritatis', Handschriften österreichischer Armenbibeln, die der Lilienfelder Abt Ulrich (1345–1351) verfaßte. Eine kuriose Besonderheit bildet die Lilienfelder ‚Holzbücherei': Kästchen in Buchform aus dem Holz einheimischer Baumarten, welche die jeweils zugehörigen Blätter und Blüten enthalten.

MELK – Benediktinerstift an der Donau in Niederösterreich

Man betritt die Bibliothek von der Nordseite der großen Altane über der Donau, einen zweigeschossigen, rechteckigen Saal, in dem vor allem die gewaltigen Bücherwände den Eindruck bestimmen. Die eingebauten Bücherregale sind intarsiert, die Kapitelle der Pilaster, Kartuschen und

LAMBACH – Benediktinerstift in Oberösterreich

Die Bibliothek befindet sich im Westflügel des Konventgebäudes, im zweiten Stockwerk. In den großen, flachgedeckten Saal fällt das Licht von zwei Seiten ein.

Die Schränke bilden mit den Wänden eine geschlossene Ordnung, sind aber nicht fest mit ihnen verbunden. Das gewaltige ovale Fresko in der Mitte der Decke von Melchior Steidl (1699) drückt den Raum ein wenig in seinen Proportionen. Die Fresken, von schwerem Stuck umrahmt, zeigen

23 Das gewaltige Freskenoval, gemalt von Melchior Steidl, gerahmt mit kräftigem Stuck, beherrscht den weiten Bibliothekssaal von Lambach.

24 Laienbrüder des Zisterzienserstiftes Lilienfeld waren hauptsächlich an der Gestaltung und Ausstattung der Bibliothek mitbeteiligt.

Bügelkonsolen, welche die umlaufende Galerie tragen, sind vergoldet. Das Braun des Holzes und die einheitlich gebundenen gold-braunen Rücken der Bücher geben dem Raum seine warme, harmonische Atmosphäre. Das Deckenfresko malte Paul Troger (1731/32): eine sitzende Frauengestalt als Triumph der Weisheit, mit dem Buch mit den sieben Siegeln, dem Lamm Gottes und dem Schild mit der Taube, umgeben von den vier Kardinaltugenden. Hercules christianus als Sinnbild der Stärke und Standhaftigkeit; Engel begleiten die Gerechtigkeit, ein schlangenumwundener Spiegel ist der Klugheit, der Ölzweig und das Salbengefäß der Mäßigkeit zugeordnet. Die Architekturmalerei ist ein Werk von Gaetano Fanti. Die beiden Türen werden von je zwei vergoldeten Holzstatuen von Josef Pöbl (1734) flankiert, die die vier Fakultäten verkörpern: Jurisprudenz, Medizin, Philosophie und Theologie. Der Buchbestand umfaßt rund 75.000 Bände, 1800 Handschriften und 800 Inkunabeln.

25 Der Triumph der Weisheit, ein allegorisches Fresko von Paul Troger, ist Generalthema der Melker Bibliothek; das braungolden gehaltene Schrankwerk und die einheitlich gebundenen Buchrücken schaffen eine harmonische Gesamtwirkung.

METTEN – Benediktinerkloster am Fuß des Bayerischen Waldes in Niederbayern

Die Bibliothek befindet sich im Ostflügel des Klostergebäudes. Man betritt sie durch ein Stuckmarmor-Portal, das von überlebensgroßen Statuen, Allegorien des Glaubens und der Wissenschaft flankiert wird. Der Raum ist durch eingezogene, pfeilerartige Mauerteile in drei jeweils zweischif-

26 Wuchtige Karyatiden gliedern die Bibliothek von Metten, die am Fuße des Bayerischen Waldes liegt.

27 Allegorien des Glaubens und der Wissenschaften flankieren die Eingangstür aus schwerem Stuckmarmor.

fige Abteilungen gegliedert. Die flachen Kreuzgewölbe werden von Säulen getragen, und zwar von je zwei in den kleineren Seitenräumen und von einer im mittleren Raum. Die Ausstattung zeigt die ganze Pracht des bayerischen Barock – Ranken, Gitter und Leisten aus weißem, goldenem und grünem Stuck überziehen die Decken, weiße Stuckputten in Flachrelief, Sinnbilder der göttlichen Tugenden und der Wissenschaften spielen auf dunklem Grund. Die wuchtigen Säulen umkleiden paarweise muskulöse Karya-

28 Elegante, verspielte Stuckputten im Flachrelief, weiß auf dunklem Grund, versinnbildlichen göttliche Tugenden und die Wissenschaften.

tiden und Engelsfiguren, die auf Sockeln stehen. Der Stukkateur war Franz Joseph Holzinger. Die Ausmalung übernahm Innozenz Warathi aus Sterzing, und seine Fresken beziehen sich inhaltlich auf die Bücher in den holzgeschnitzten Schränken eines unbekannten Künstlers: in der Mitte die Gottesgelehrsamkeit, die Heiligen Bonaventura, Thomas und Anselm (Streit der Theologen um die unbefleckte Empfängnis Mariens); südlich Patristik (die vier Kirchenlehrer), Mystik (Gertrud und Mechthild), Askese (der Gekreuzigte und die Muttergottes als Vorbilder der männlichen und weiblichen Heiligen) und Ethik (die acht Seligkeiten und die sieben Hauptsünden); nördlich die Heilige Schrift (die vier Evangelisten), der Disput der katholischen Kirche mit der reformierten Kirche, die weltlichen Wissenschaften („ne nimis' als Warnung, die zweifelnden Heiligen Hieronymus und Odo und die Unanfechtbaren, Benedikt und Bernhard). In den in hellen Marmortönen gehaltenen Regalen, die mit vergoldeten Ornamenten geschmückt und von Kartuschen bekrönt sind, stehen 160.000 Bücher, einige Handschriften und 250 Inkunabeln.

Wichtigste Stücke des Buchbestands, in zwei Schränken ausgestellt, sind Antiphonale und Missale von 1452 bzw. 1458 (Handschriften), eine Bibelübersetzung von 1477 (die ‚Zainer-Bibel'), eine Bibelerklärung von 1485 sowie die ‚Schedelsche Weltchronik' aus dem Jahr 1495 (Inkunabeln).

NEUSTIFT – Augustiner-Chorherrenstift in Südtirol

Der rechteckige, zweigeschossige Saal mit umlaufender Galerie, die von Konsolen gestützt wird, stammt aus den Jahren 1776–1788. In seinem goldweißen Farbeindruck und den weiten, leichten Proportionen kündigt sich schon deutlich der Klassizismus an. An der flachen Decke gibt es keine Malereien, sondern lediglich feine Rokokostukkaturen von Hans Mussak aus Innsbruck. Die umlaufende, gleichmäßig geschwungene Galerie ruht zum Teil auf den ersten Obergeschossen der Schränke, zum Teil auf freistehenden Säulen mit korinthischen Kapitellen und ist mit feinem Gitterwerk verziert. An den vier Saalecken des Untergeschosses führen zylindrische Treppentürmchen hinauf. Die Bestände umfassen rund 60.000 Bände und 300 Handschriften vom 12. Jahrhundert bis heute. Die schönsten Stücke der mittelalterlichen Schreibstube des Stiftes und wertvolle Frühdrucke sind in Vitrinen ausgestellt, unter anderen Stundenbücher und Missale mit schönen Miniaturen und großformatige Musikbücher der Gregorianik. Zu den bedeutendsten Frühdrucken zählen ein Original des ‚Teuerdank' von 1517, eine Lutherbibel von 1541, die Chronik von Riechenthal (1483) und das ‚Theatrum orbis terrarum' von Ortelius mit zahlreichen alten Städtebildern von Matthäus Merian.

29 Der zierliche, feinverteilte Stuck der Bibliothek von Neustift und die leicht geschwungene Galerie markieren bereits den Übergang vom Rokoko zum frühen Klassizismus.

OCHSENHAUSEN – Benediktinerabtei in Württemberg

Der stattliche, langgestreckte, rechteckige Bibliothekssaal ist im Stil des Klassizismus gehalten und mit feinen Stukkaturen von Thomas Schaihauf (1785) geschmückt. Die umlaufende Galerie wird von doppelten Freistützen getragen. Drei Deckenfresken von Johann Anton Huber (1790) zeigen Salomo und die Königin von Saba, den Apostel Paulus auf dem Areopag in Athen und eine Allegorie der Kirche als ewige Institution und Bewahrerin der Wissenschaft im Gegensatz zur Vergänglichkeit weltlicher Kunst und Gelehrsamkeit. Vier Statuen neben den Türen sind Sinnbilder von Studium, Ingenium, Scientia und Ars – Fleiß, Verstand, Wissenschaft und Kunst. Die Bibliotheksbestände, bis 1803 rund 70.000 Bände, gingen im Jahr 1803 zum größten Teil verloren.

30 Die Bibliothek von Ochsenhausen – ein heller, langgestreckter zweigeschossiger Raum, wirkt heute eher wie ein Festsaal, da die Bücherschränke in der ehemaligen Reichsabtei fehlen.

OTTOBEUREN – Benediktinerabtei im bayerischen Allgäu

Den langgestreckten Saal betritt man über einen reich geschmückten Vorplatz. Es handelt sich um einen zweigeschossigen Raum mit Bücherregalen rundum, die sich nach oben in einer Galerie auf 44 Freistützen fortsetzen. Von zwei Seiten fällt hell das Licht ein und verleiht den korinthischen Säulen aus Stuckmarmor, den Stukkaturen Johann Baptist Zimmermanns (1718) und dem heiter farbigen Deckengemälde von Elias Zobel (1716) festlich-repräsentatives Gepräge. Das Fresko zeigt die Ankunft des Heiligen Benedikt auf dem Monte Cassino, zu beiden Seiten Heilige seines Ordens, die sich auch einen wissenschaftlichen Namen gemacht haben: Ildefons, Bernhard, Gregor, Anselm oder Hermann der Lahme. Ottobeurens Bibliothek hat ihr Abt-Bauherr ein Leitmotiv gegeben, eine Inschrift im Osten, die zugleich Wahlspruch und Programm ist: ‚Palast der Musen – Bollwerk der Religion' – sich zum Andenken. Mitten im Saal erhebt sich die Statue der griechischen Göttin Pallas Athene, als Beschützerin der Wissenschaften von Joseph Anton Sturm (1725), Mittlerin zwischen Heidentum und Christentum.

32 Lichtdurchflutet und festlich präsentiert sich der Bibliothekssaal von Ottobeuren – zugleich Palast der Musen und Bollwerk der Religion.

◀ 31 Das Deckenfresko von Elias Zobel zeigt die Schließung der Schule von Athen unter Justinian, die Zerstörung der Götterbilder, die Ankunft des heiligen Benedikt auf dem Monte Cassino (um 550), Johannes den Täufer und das Lamm Gottes mit Synagoge und Kirche.

◄ 33 Zwei allegorische Frauengestalten, Sinnbilder der Wissenschaft ...

34 ... und des Überflusses, schmücken den Eingang zur Bibliothek.

SCHLIERBACH – Zisterzienserstift in Niederösterreich

Die Bibliothek ist nach Osten an die Kirche angebaut. Der feierliche Raum, entstanden um die Wende des 17. zum 18. Jahrhundert, ist über einem griechischen Kreuz errichtet. Diese Raumform mit kurzen Seitenarmen, Kuppel und Tonnengewölben gibt der Bibliothek ihr Ebenmaß und die Ähnlichkeit mit einer Kirche. Die Wucht der Hauptkuppel wird noch betont durch die weit heruntergezogene gemalte Scheinarchitektur des Deckenfreskos und die dekorative Stukkierung. Die Künstler sind namentlich nicht bekannt. Die spätbarocke Empore – wahrscheinlich von Johann Michael Prunner aus Linz – umläuft die Vierungspfeiler, was ein beschwingtes, aufgelockertes Moment in die erhabene Atmosphäre bringt. Die Bibliothek besitzt ungefähr 30.000 Bände, 176 Handschriften und 94 Inkunabeln.

36 Heiter geschwungen, im schönsten schwäbischen Rokoko gehalten, ist die Bibliothek von Schussenried – Glaubenslehren und Häresien, verkörpert durch lebendige allegorische Figuren, streiten sich lebhaft über die Wahrheit der Religion.

◀ 35 Schlierbachs kuppelgewölbte Bibliothek erhebt sich feierlich über einem griechischen Kreuz und vermittelt einen gleichmäßigen, kirchenähnlichen Raumeindruck.

SCHUSSENRIED – Prämonstratenserabtei in Württemberg

Der Bibliothekssaal liegt im mittleren Teil des Nordtrakts des neuen Klosters und geht auf einen Entwurf Dominikus Zimmermanns (1754–1761) zurück. Der zweigeschossige Raum, rechteckig in der Grundform, besitzt eine umlaufende Galerie, die von freistehenden Säulen aus rötlichem Stuckmarmor getragen wird. Weiß und Gold sind die Grundfarben des Stucks und der fest mit der Wand verbundenen Bücherschränke. Das Deckenbild ist ein Werk des Malers Franz Georg Hermann aus Kempten (1771) und stellt die Verherrlichung der göttlichen Weisheit in den Wissenschaften und Künsten dar. Die Figuren aus poliertem Stuck schuf Fidel Sporer: den Vertretern der wahren Glaubenslehre stehen streitbar die Häresien gegenüber, und wie so oft sind die „Bösen" auch die Interessanteren. Auf der Galeriebrüstung sitzen Putten mit Emblemen von Kunst und Wissenschaft, dazwischen sind Büsten berühmter Gelehrter und Künstler aufgestellt, Arbeiten von Johann Bernhard Trunk. Der reiche Stuck ist von Johann Jakob Schwarzmann.

SEITENSTETTEN – Benediktinerstift in Niederösterreich

Die Bibliothek liegt in der Mitte der Südfront. Es handelt sich um einen großen, zweigeschossigen Saal mit umlaufenden Schränken und einer Galerie von Josef Hainpruckner aus Wien, an deren vier Ecken der Bildhauer Johann Paul Sattler aus St. Florian acht Statuetten als Verkörperung der Universitätsfakultäten setzte. Das prachtvolle Deckengemälde, ein Fresko von Paul Troger und Johann Zeiller (1740/41) stellt über einem Sockel aus Scheinarchitektur-Malerei die Anbetung des Lammes durch die 24 Ältesten nach der Apokalypse dar. Der Raum wirkt vor allem durch den einheitlichen Einband der Bücher – alle aus weißem Schweinsleder, schwarz beschildert und mit goldenem Aufdruck – in Harmonie mit dem warmen Braun der goldverzierten Schränke aus Nußbaumholz. Die Bibliothek besitzt rund 50.000 Bände, 270 Handschriften und 230 Inkunabeln, darunter Missalien und Antiphonarien mit schönen Pergamentmalereien. Die ältesten dieser Codices sind aus dem 12. Jahrhundert, ein Pracht-Antiphonar aus der Zeit um 1500 entstand vermutlich in der hauseigenen Klosterschreibstube. Zu den Beständen, die alle Zweige des Wissens umfassen, gehört auch ein wertvoller Plutarchkodex.

37 Seitenstettens Bibliothek ist charakteristisch für einen Raum, in dem alle Bücher gleichmäßig gebunden und im selben Farbton gehalten sind: weiß das Schweinsleder, schwarz die Schilder, golden der Aufdruck.

38 Fresken des berühmten bayerischen Barockmalers Cosmas Damian Asam wurden erst im Jahre 1967 in der Kuppel der Bibliothek von St. Emmeram in Regensburg freigelegt.

ST. EMMERAM – ehem. Benediktinerkloster in Regensburg

Die Bibliothek, ein Werk des Linzer Baumeisters Johann Michael Prunner, nimmt die beiden Obergeschosse ein. In dem hohen Raum tragen eingestellte Säulen schmale, durch Galerien unterteilte Umläufe. Die drei überkuppelten Gewölbe schaffen eine feierliche, fast sakrale Atmosphäre; dazu tragen auch die einfachen, ganz regelmäßigen, der Wand fest verbundenen Bücherregale bei, die sich der Architektur völlig angleichen. Die Gewölbe waren mit klassizistischen Malereien von Matthias Schiffer bedeckt. Im Jahr 1967 ereignete sich jedoch eine kunsthistorische Sensation: Fresken des großen bayerischen Barockmalers Cosmas Damian Asam wurden entdeckt und freigelegt: in der Mittelkuppel König Salomo, umgeben von Löwen als Allegorien der Wissenschaft und einem seifenblasenden Putto; darüber, in illusionistischer Architekturmalerei, das ‚Auge Gottes'; in den anderen Kuppeln die Neun Musen, Szenen aus dem Leben des Apostels Paulus und Motive, die sich auf den Benediktinerorden beziehen – zusammen mit den Bildern in den Seitentonnen und an den Zwickeln erkennt man deutlich das einheitliche ‚Programm' Asams: die Darstellung antiker und christlicher Weisheit.

ST. FLORIAN – Augustiner-Chorherrenstift in Oberösterreich

Die Bibliothek liegt in der Mitte der Ostseite des Hofes und wurde 1745 bis 1751 von Gotthard Hayberger erbaut. Die Wände des zweigeschossigen Raumes werden in geschlossener Ordnung massiv von den mächtigen Bücherregalen Johann Jeggs bedeckt, nur unterteilt von einer umlaufenden, graziösen Galerie. Bartolommeo Altomonte malte 1746–1748 das Deckenbild nach Entwurf von Daniel Gran: Es stellt die Vermählung der Tugend und der Wissenschaft dar vor der Allegorie der Religion. Die Architekturmalerei ist von Antonio Tassi. Der Bestand umfaßt ungefähr 130.000 Bände, 885 Handschriften und mehr als 800 Inkunabeln. Besonders beachtenswert sind die mittelalterlichen Dokumente der Schreibstube des Klosters, deren älteste aus dem 9. Jahrhundert stammen. St. Florian besaß im Mittelalter eine hauseigene Historikerschule, und viele handschriftliche Zeugnisse sind dort entstanden. Wenige Handschriften sind im Original ausgestellt, und diese werden öfter ausgewechselt oder durch Faksimiles ersetzt. Zwei Vitrinen zeigen Ausstellungen zu jeweils aktuellen Themen.

39 Die mächtigen Bücherregale von Johann Jegg beherrschen fast vollständig den Raumeindruck der Bibliothek von St. Florian bei Linz.

ST. GALLEN – Benediktinerstift in der Schweiz

„Ich bin", läßt Thomas Mann in seiner Papstlegende ‚Der Erwählte' (1951) den Chronisten sagen, „der Geist der Erzählung, der, sitzend an seinem derzeitigen Ort, nämlich in der Bibliothek des Klosters Sankt Gallen im Alemannenlande, wo einst Notker der Stammler saß, zur Unterhaltung und außerordentlichen Erbauung diese Geschichte erzählt..."

40 Peter Thumb aus Konstanz schuf mit der Bibliothek in St. Gallen sein letztes Werk, einen geschwungenen, rechteckigen Raum mit umlaufender Galerie.

Die Bibliothek ist das letzte Werk des Konstanzer Baumeisters Peter Thumb und wurde 1758 im Rohbau fertig. Der rechteckige, zweigeschossige Raum mit Spiegelgewölbe wirkt stark geschwungen durch die umlaufende Galerie in Zusammenhang mit den tief eingezogenen Fenstern und den vorgewölbten Buchregalen auf Freistützen. Die Deckenbilder malte Josef Wannenmacher (1760): die vier Konzilien Nicäa (325), Konstantinopel (381), Ephesus (431) und Chalcedon (451); die Kirchenlehrer Gregor der

41 Der Flötist (seine Querflöte ist verlorengegangen) beim Spiel; zu seinen Füßen Baßgeige, Blockflöte und Notenblatt.

42 Der Bildhauer (mit Meißel und Holzhammer) betrachtet kritisch einen modellierten Kopf. Der Fuß unten seitlich gehört zu einem begonnenen Denkmal.

43 Die Putten in den Nischen der Bücherschränke sind Werke eines unbekannten Künstlers. Hier begutachtet der Gärtner, als einzige Figur mit einem flachkrempigen Hut, den Wuchs eines Blumenstocks.

44 Der Glockengießer prüft mit Hilfe einer hölzernen Stimmpfeife den Ton der eben gegossenen silbernen Glocke.

Große und Ambrosius, Johannes Chrysostomus und Gregor von Nazianz, Augustinus und Athanasius, Hieronymus und Petrus Paulus, Anselm und Beda, außerdem die Wissenschaften in insgesamt neun Grisaillen. Die Stukkierung schufen Johann Georg und Matthias Gigl aus Wessobrunn, und ein Laienbruder des Klosters, Gabriel Loser, schnitzte die Holzausstattung. Der schönste und anmutigste Wurf gelang jedoch einem anonymen Holzschnitzer: die zwanzig weiß gefaßten Rokokoputten, wenig mehr als dreißig Zentimeter hoch, in den Nischen der Bücherschränke, die in zierlicher Gebärdensprache die verschiedensten Berufe – in loser Beziehung zu den Büchern – verkörpern: Dichter, Arzt, Botaniker, Zimmermann, Apotheker, Glockengießer, Geschützgießer, Goldschmied, Flötist, Sänger, Maler, Gärtner, Komponist, Kaufmann, Bildhauer, Geograph, Architekt, Astronom, Mathematiker und Orgelbauer. Der Bücherbestand umfaßt über 100.000 Bände, darunter 2000 berühmte Handschriften aus der frühen Zeit des Stifts, 8.–11. Jahrhundert, sowie 1700 Inkunabeln.

Weiterhin die älteste Handschrift der Vulgata-Evangelien (um 420), die früheste vollständig erhaltene Alkuin-Vollbibel (um 800), vor allem aber Arbeiten der einheimischen Schreib- und Malschulen: das gesamte Schrifttum, das die Abtei für Kirche, Schule und Verwaltung benötigte. Vor und nach 850 hatte St. Gallen seine Hochblüte, es entstanden reich illuminierte Bücher, Bände biblischen, patristischen und liturgischen Inhalts; in den folgenden Jahrhunderten kamen Werke der Mystik und Aszetik sowie Erbauungsbücher dazu, und in der Zeit des Übergangs vom handgeschriebenen zum gedruckten Buch erweiterten sich die Bestände um zahlreiche Wiegendrucke und Frühdrucke.

ST. PETER – Benediktinerabtei im Schwarzwald

Man betritt die Bibliothek durch ein schönes, stuckgerahmtes Portal mit dem Doppelwappen des Stifts und seines Abtes Bürgi. Der zweistöckige, weitgewölbte Saal, erbaut um 1750, ist ein Werk des Konstanzer Baumeisters Peter Thumb und gehört zu den anmutigsten Rokoko-Räumen Süddeutschlands. Eine elegant geschwungene, stützenlose Galerie umläuft den Raum. Auf dieser Galerie stehen Matthias Fallers allegorische Statuen der Künste und Wissenschaften aus weißem poliertem Stuck, die mit dem Deckengemälde von Benedikt Gambs (1751) korrespondieren: Kunst und Wissenschaft huldigen der Heiligen Dreifaltigkeit; an den Gewölbezwickeln die Kirchenväter. Den anmutigen Stuckzierat schuf Georg Gigl.

45 Der elegante, geschwungene Raum von St. Peter im Schwarzwald ist ein wichtiges Werk des Konstanzers Peter Thumb.

46 Die Allegorie der Philosophie hält den Schlüssel, der die Geheimnisse von Himmel und Erde aufschließen kann, und den Pfeil als Symbol des seinem Ziel zueilenden Gedankens.

47 Die Allegorie der Medizin trägt den Hahn, das griechische Symbol der Fruchtbarkeit, den Äskulapstab mit der Schlange und ein Körbchen voller Kräuter.

48 Die Allegorie der Askese stößt mit dem Fuß die Weltkugel von sich und wendet sich ganz dem Himmel zu.

49 Die Allegorie der Poesie wird von dem Schwan als Zeichen des dichterischen Gesanges begleitet, im Arm hält sie die Lyra, am Gürtel trägt sie die Maske der theatralischen Dichtkunst.

STRAHOW – Prämonstratenserstift in Prag

Der große, langgezogene, zweigeschossig angelegte Hauptsaal der Bibliothek ist vom Gesamteindruck her spätbarock mit trotz der späten Entstehungszeit nur schwachen Anklängen des Klassizismus. Franz Anton Maulpertsch schuf 1794 das Deckengemälde, das sich aus einer Vielzahl von Ein-

zelgruppen ringsherum am Gesimsrand zusammensetzt. Das Licht fällt von einer Längsseite des Raumes auf die in geschlossener Ordnung aufgestellten Bücherschränke, die Galerie liegt auf den unteren Schränken auf; die Bucheinbände stammen zum Teil noch aus der Barockzeit. Die Bibliothek besitzt rund 130.000 Bücher. Der theologische Saal hat Tonnengewölbe mit Gemälden des Prämonstratensers Siard Nosecky und offene Schränke aus der Zeit des Barock. Die Globen stammen aus dem 17. Jahrhundert, und in den Vitrinen sind illuminierte Handschriften ausgestellt.

51 Kräftige, schön kannelierte Säulen mit korinthischen Kapitellen gliedern den Bibliotheksraum des ehemaligen Jesuitenkollegs in Trier.

◀ 50 Der tonnengewölbte Hauptsaal der Bibliothek des Klosters Strahow in Prag mit dem Deckenfresko Franz Anton Maulpertschs ist zugleich theologische Fakultät.

TRIER – ehem. Jesuitenkolleg, heute Lesesaal der Stadtbibliothek

Der zweischiffige Raum diente ursprünglich wohl den Kapitelversammlungen des Jesuitenkollegiums. Kannelierte korinthische Säulen tragen eine imposante, aber fein modellierte Stuckdecke. Das Licht flutet durch Fenster an beiden Längsseiten in den Raum. Der reiche Bestand an Inkunabeln, Bilderhandschriften, Manuskripten und Autographen ist aus der im Jahr 1570 von Kurfürst Jakob von Eltz gegründeten Jesuitenbüchersammlung hervorgegangen. Die Trierer Bibliothek gehört zu jenen, die von der Säkularisation der Klöster in der Napoleonischen Zeit profitierten und viele Bücher aus deren aufgelösten Bibliotheken erhielten. Aus der Fülle der wertvollen Bände seien hier genannt: wichtige Urkunden der sächsischen und fränkischen Kaiser; der prächtige ‚Codex aureus' aus dem Besitz Kaiser Karls des Großen; der ‚Codex Egberti', ein Periskopenbuch, das auf der Insel Reichenau entstanden ist, und das ‚Registrum Gregorii I.'.

WALDSASSEN – Bernhardinerkloster in der Oberpfalz

Die Bibliothek umfaßt die beiden Obergeschosse im Westflügel. Man betritt sie durch ein geschnitztes Portal, das von den Statuen der Flora und Minerva flankiert wird. Das Portal ist von einem Giebel mit dem Schnitzporträt des Abtes Eugen im Ornament bekrönt, das von zwei geflügelten Putten gehalten wird. Den langgestreckten, rechteckigen Bibliotheksraum deckt ein flaches Tonnengewölbe. Die Eingänge sind an den Schmalseiten und an der Westseite fällt das Licht durch sechs hohe Fenster. Die Deckengemälde schuf Karl Hofreiter; Ereignisse aus dem Leben des heiligen Bernhard, die zur christlichen Wissenschaft in Beziehung stehen: Christus umarmt den Heiligen vom Kreuz herab; Christus und Maria erscheinen ihm; Bernhard auf dem Konzil von Reims vor Papst Eugen III.; der Heilige am Studiertisch. Jede einzelne Szene kommentiert jeweils ein aufgeschlagenes gemaltes Buch mit lateinischer Inschrift. In Brustbild-Medaillons sehen wir die acht großen Kirchenlehrer des Morgen- und Abendlandes sowie den heiligen Bernhard und Thomas von Aquin. Die Stukkaturen sind Arbeiten Peter Appianis (1724/25) und zeigen Laub- und Bandwerk mit grotesken Phantasiegestalten und possierlichen Tieren. Aber Waldsassen lebt vor allem durch seine Schnitzereien. Heiterkeit, Witz und ein erstaunlicher Naturalismus sind in den Atlanten, welche die auf drei Seiten umlaufende Galerie tragen, vereinigt. Der Bildhauer Karl Stilp wählte als Träger Gestalten, die mit dem Thema ‚Buch' zu tun haben, und zwar vom Rohstoff bis zum ferti-

52 Einheitlich und klar gegliedert – Waldsassen mit den grotesken Atlanten des Karl Stilp.

53 Der Papiermüller reißt prahlerisch seinen Mund auf – ohne ihn „geht nichts" bei der Herstellung der Bücher.

54 Der Kastenmeister mit den Mäusen im Bart (er verwaltet und liefert Getreide für die Stärke zur Papierherstellung) und der Papiermüller stützen gemeinsam ein Regal.

55 Der Metzger zeigt seinem Nachbarn, dem Schweinehirten, schadenfroh die Zunge.

gen Produkt: Lumpensammler, Getreidemeister, Papiermüller, Schweinehirt, Metzger, Schriftsteller, Drucker, Buchhändler und Leser. Alle Figuren sind hier jeweils lebensgroß mit ironischer Übertreibung gestaltet (die Kopfbedeckung einer Figur läuft zum Beispiel mit einem Storchenschnabel aus, der sie in die Nase zwickt; ein anderer hat Mäuse im Bart; einer trägt eine Haube mit Eselsohren). Auch in dem durchbrochenen Relief der Galeriebrüstung befinden sich geschnitzte burleske Szenen. Ihr Schöpfer ist der Klosterschreiner Andreas Vitt; die Szenen werden als Darstellung einiger Episoden aus Sebastian Brants ‚Narrenschiff' (1494) und Georg Rollenhagens ‚Froschmeuseler' (1595) gedeutet.

WIBLINGEN – Benediktinerkloster in Württemberg bei Ulm

Diese Bibliothek gehört zu den festlich beschwingten Sälen des schwäbischen Rokoko. Von einer Atmosphäre klösterlicher Gottesgelehrsamkeit ist hier nichts zu spüren. Die Galerien auf Freistützen mit vergoldeten Kapitellen, Gemälde, Stuckdekor und Statuen scheinen zu ‚tanzen', fast schwerelos ist das Mauerwerk aufgelöst. Christentum und Antike vereinigen sich im Motiv des großen Deckengemäldes im Muldengewölbe, das die Raumschwere auch nach oben hin optisch aufhebt. Es stammt von Franz Martin Kuen (1744): der Götterberg Parnaß mit dem Pegasus und den Neun Musen korrespondiert mit dem christlichen Gottesberg, dem Lamm der Apokalypse und den Gaben des Heiligen Geistes; der Sündenfall des ersten Menschenpaares mit der Passion Christi; Kaiser Alexander der Große und der griechische Philosoph der Armut, Diogenes, stehen als Sinnbilder der Geschichte und Weisheit der Antike den Klosterstiftern gegenüber. Hauptmotiv ist immer wieder die benediktinische Tugend und ihr Wirken zum Guten, wobei die alte heidnische Welt keineswegs verdammt wird, wie dies das Mittelalter tat. Die Stuckplastik mit Putten und Rahmenreliefs schuf Gaspare Mola (1750), die acht überlebensgroßen, weiß gefaßten Schnitzfiguren, Allegorien der Wissenschaften, Tugenden und weltlichen Mächte, werden Dominikus Hermengild Herberger zugeschrieben.
Die Wiblinger Klosterbibliothek wurde zu Beginn des 19. Jahrhunderts aufgelöst. Der heutige Bestand stammt aus dem 19. und 20. Jahrhundert und besitzt einen deutlichen Schwerpunkt auf dem Gebiet der katholischen Theologie des 18.–20. Jahrhunderts.

56 Die Statue im Vordergrund symbolisiert die weltliche Wissenschaft; im Hintergrund die klösterliche Tugend, auf der Galerie die göttliche Gewalt. Die überlebensgroßen Schnitzfiguren werden Dominikus Hermengild Herberger zugeschrieben.

57 Detail des Deckengemäldes von Franz Martin Kuen: der Sündenfall des ersten Menschenpaares.

58 Wiblingen, eine der anmutigsten, schwerelosesten Rokoko-Bibliotheken, in der die büchertragenden Wände ganz aufgelöst scheinen in Bewegung und Tanz.

VORAU – Augustiner-Chorherrenstift in der Steiermark

Die Bibliothek liegt in der Mitte des Nordflügels und umfaßt zwei Geschosse, die von einem flachen Tonnengewölbe abgeschlossen werden. Zarter Stuck aus Blattwerk, Blumenkörben und Bandornamenten überzieht Decke und Wände und faßt die drei großen Deckenfresken sowie zahlreiche Ovalfelder von Ignaz Gottlieb Kröll aus Hartberg (1731) ein. In diesen drei Hauptfeldern ist das Urteil Salomos, der Diakon Philippus und der

59 Blickfang der Bibliothek von Vorau sind die schön geschnitzten, vergoldeten und zierlich geschwungenen Bücherregale im Stil des späten Rokoko.

Besuch der Königin von Saba bei Salomo dargestellt – in Versinnbildlichung von Jurisprudenz, Theologie und Philosophie. In Wandmedaillons Propheten, Evangelisten und Kirchenväter sowie Chorherren des Stifts; an der Ostwand eine Darstellung Christi als Heiland der Welt. Die vergoldeten und geschnitzten Schränke (1767), in geschlossener Ordnung um die Wände gestellt, sind im reinsten und zierlichsten Spätrokoko gehalten. Raritäten sind die Globen von Vicenzo Coronelli. Eine schmiedeeiserne Doppelwendeltreppe führt an der Westseite des Saales zu einem Seitengemach im Obergeschoß, in dem ursprünglich die Handschriften aufbewahrt wurden. Das dort befindliche Deckenbild, die drei göttlichen Tugenden, stammt von Johann Georg Mayr. Die Bibliothek besitzt rund 35.000 Bände, 206 Inkunabeln und 415 Handschriften. Die berühmteste, die Vorauer Sammelhandschrift frühmittelalterlicher Dichtungen mit der Kaiserchronik, schrieb Propst Bernhard um 1190 nieder.

ZWETTL – Zisterzienserabtei in Niederösterreich

Die Bibliothek als Nordabschluß des Konventshofes ist ein Werk des Baumeisters Joseph Mungenast. Sie ist ein großer, barock ausgestalteter Raum mit gewölbter Decke in fünf Feldern und besitzt eine umlaufende Empore. Den reichen Stuck aus Band- und Gitterwerk schuf Leopold Perger, die Deckengemälde 1733 Paul Troger. In leuchtender, warmer Farbgebung malte Troger in nur fünf Monaten die göttliche Weisheit mit den Allegorien der Tugenden im Mittelabschnitt, in den vier anderen Gewölben Szenen aus dem Leben des Herkules.

Auch in Zwettl haben die Patres selbst an der künstlerischen Ausgestaltung ihres Bibliothekssaals mitgewirkt: In der Kunstschreinerei des Klosters entstanden die intarsierten Bücherschränke mit umlaufendem Gesims, der Stiegenaufgang, die Galerie und alle Schnitzereien. Der Bestand umfaßt rund 50.000 Bände, 420 Handschriften und 306 Inkunabeln. Die bedeutendsten Besitztümer sind der sogenannte ‚Codex 204', die Prachthandschrift eines Psalteriums, die im 12. Jahrhundert in Polen oder in Böhmen entstanden ist, und ein ‚Livre d'heures', ein Stundenbuch aus dem spanisch-niederländischen Raum (15. Jahrhundert).

60 Die Bibliothek, von dem Baumeister Joseph Mungenast geschaffen, zeigt fünf gewölbte Deckengemälde von Paul Troger (1733). Die mittlere Decke stellt die göttliche Weisheit mit den Allegorien der Tugenden dar – die anderen Gewölbe – Szenen aus dem Leben des Herkules.

Bildnachweis

Bad Tölz, Foto Löbl-Schreyser: 3, 4, 34, 39
Bamberg, I. Limmer: 12
Einsiedeln, O. Baur: 11
Frankfurt, Hermann Hessler: 10
Freiburg, Bildverlag: 46, 47, 48, 49
Kremsmünster, Dr. Widder: 22
Lindau, Toni Schneiders: 35, 36, 45,
München, Aero-Express: 13
München, Maria Linseisen: 5, 6, 8, 9, 16, 17, 19, 29, 33, 34
München, Werner Neumeister: 1, 2, 7, 25, 50, 52, 53, 54
München, Dr. Johannes Steiner: 37, 59
Regensburg, Presse-Bild-Poss: 14, 15, 27, 55
Starnberg, Anthony-Verlag: 21, 32, 59
Sonthofen, Lala Aufsberg: 31, 57
Stuttgart, Bildarchiv der Landesstelle Württemberg: 30, 56
Trier, Landesmuseum: 51
Überlingen, Siegfried Lauterwasser: 40, 41, 42, 43, 44
Wien, Bildarchiv der Österreichischen Nationalbibliothek: 23
Wien, Bundesdenkmalamt: 20
Wilhelmsburg, Herbert Fasching: 18
Zeitlarn, Wilkin Spitta: 26, 38